SONJA STÖTZEL

CAMPINGKÜCHE MIT 5 ZUTATEN

FOTOGRAFIE: SILVIO KNEZEVIC, AUEN60 PHOTOGRAPHY

INHALT

Öffnen Sie die Klappen dieses Buches.
Dort finden Sie die wichtigsten Infos zum Thema auf einen Blick!

DAS PRINZIP:
CAMPINGKÜCHE

DIE PERFEKTE
KOMBI

Immer griffbereit:

SO GEHT'S:
TIPPS UND TRICKS

Immer griffbereit:

SO GEHT'S:
CAMPING-
KOCH-HACKS

GU CLOU

Wussten Sie schon, dass …?
Entdecken Sie bei einigen ausgewählten Rezepten ganz besondere Tipps mit verblüffendem Insiderwissen. Aha-Momente garantiert!

Mit diesem Symbol sind alle vegetarischen Gerichte gekennzeichnet.

Sammeln Ihrer Lieblingsrezepte mit der »GU Kochen Plus«-App (siehe S. 64)

REZEPTKAPITEL

SONJA STÖTZEL

Früher dachte man bei dem Stichwort »Campingküche« vor allem an das Öffnen einer Dose Ravioli. Dieses Buch zeigt, wie der Campingurlaub mit nur wenigen, aber frischen Zutaten auch kulinarisch zu einem absoluten Highlight werden kann.

Wie bin ich zum Camping gekommen?

Ich bin mit Campingurlaub groß geworden. Mein Vater war beruflich bei der Fliegerei und wollte in seinem Urlaub am liebsten zu Hause bleiben. Kein Hotel, kein Restaurant. Da der Rest der Familie jedoch verreisen wollte, war Camping der Kompromiss. Meist flogen wir in die USA und mieteten uns einen Camper. Für mich waren das die schönsten Urlaube überhaupt!

Was ist das Besondere an der Campingküche?

In der Campingküche geht es vor allem um Improvisation. Niemand erwartet ein 5-Sterne-Menü. Mir gefällt, dass es keine festen Regeln gibt. Man schaut, was vor Ort da ist und welche Möglichkeiten man hat. Gekocht und gegessen wird möglichst draußen, und alle helfen mit.

Was ist für mich unverzichtbar?

Ein gutes Messer! Teller oder Besteck sind weniger wichtig, denn in der Campingküche dürfen auch mal die Finger zum Einsatz kommen oder es wird direkt aus der Pfanne gegessen. Außerdem: ein gutes Olivenöl und ein schönes Meersalz. Damit schmeckt selbst eine simple Scheibe Brot sehr lecker!

Was ist der beste Tipp für die Campingküche?

Sich nicht stressen lassen! Man hat ja keinen Zeitdruck, wie zu Hause oft, weshalb man feste Essenszeiten einfach auch mal getrost über den Haufen werfen kann. Außerdem ist es doch schön, wenn die Kinder draußen herumrennen, bis es dunkel wird, und man selber den Abend ganz gemütlich bei einem Gläschen Wein ausklingen lässt.

DAS BLITZREZEPT: FAMILIEN-PASTA

400 g kurze Nudeln in einem großen Topf mit reichlich Salzwasser nach Packungsanweisung al dente garen.

400 g stückige Tomaten zusammen mit …

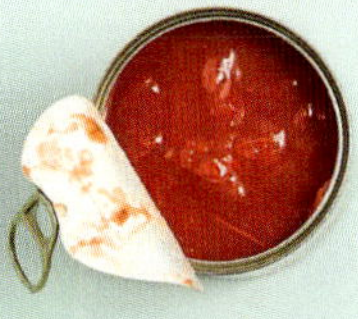

… 1 TL getrockneten italienischen Kräutern in einem kleinen Topf erhitzen. Mit Salz und Pfeffer abschmecken.

200 g milden Gorgonzola zerbröckeln und in die Sauce geben. 1–2 Min. unterrühren.

Ein paar Blättchen Basilikum waschen und fein hacken.

Nudeln mit der Sauce und dem Basilikum anrichten. Für Kinder den Gorgonzola gegebenenfalls weglassen und diesen erst zum Servieren über die restlichen Teller geben.

KALTE GERICHTE

Für 4 Personen • 25 Min. Zubereitung • Pro Portion ca. 355 kcal, 9 g E, 24 g F, 25 g KH

RÖMERSALAT MIT BLUE-CHEESE-DRESSING

KLASSIKER

1 großer Kopf Römersalat (ersatzweise 4 kleine Römersalatherzen)
100 g Blauschimmelkäse
100 ml Milch
50 ml Olivenöl
Salz
Pfeffer
200 g Ciabatta

TUNING-TIPP
Zwei gebratene und in Streifen geschnittene Hähnchenbrustfilets machen den Salat zu einer vollwertigen Mahlzeit.

1 Den Strunk vom Römersalat entfernen, die Blätter unter fließend kaltem Wasser abbrausen und anschließend trocken schütteln oder in einem Sieb gut abtropfen lassen. Blätter in Streifen schneiden und in eine große Schüssel geben.

2 Blauschimmelkäse in eine Schüssel geben und mit einer Gabel zerdrücken. Die Milch sowie 1 EL von dem Olivenöl dazugeben, alles glatt rühren, salzen und pfeffern.

3 Das Ciabatta in ca. 2 cm große Würfel schneiden. Restliches Öl in einer weiten Pfanne erhitzen und die Brotwürfel darin in 3–4 Min. zu knusprigen Croutons anbraten. Pfanne vom Kocher nehmen und die Croutons etwas abkühlen lassen.

4 Croutons über dem Salat verteilen und das Blue-Cheese-Dressing vor dem Servieren darüber träufeln. Sofort genießen.

Für 4 Personen • 20 Min. Zubereitung • Pro Portion ca. 170 kcal, 2 g E, 5 g F, 28 g KH

FRUCHTIGER GURKENSALAT

SOMMER-REZEPT

1 Bio-Salatgurke
2 Nektarinen
1 Honigmelone (ersatzweise Galia- oder Cantaloupe-Melone)
5 Stängel Minze
2 EL Olivenöl
Salz
Pfeffer

TAUSCH-TIPP
Minze ist sehr erfrischend, aber auch geschmacksintensiv. Glatte Petersilie ist eine mildere Variante.

1 Die Gurke putzen, waschen und abtrocknen. Der Länge nach vierteln und entkernen, dann quer in ca. 1 cm dicke Scheiben schneiden.

2 Die Nektarinen waschen und trocken reiben. Die Früchte halbieren, den Stein entfernen und das Fruchtfleisch mundgerecht würfeln.

3 Melone halbieren, Fasern und Kerne entfernen. Die Hälften in Spalten schneiden, anschließend schälen und ca. 2 cm groß würfeln.

4 Die Minze kalt abbrausen und trocken schütteln, die Blättchen von den Stängeln zupfen und in feine Streifen schneiden.

5 Alle Zutaten in eine große Schüssel geben. Das Öl dazugeben und vorsichtig vermengen. Mit wenig Salz und Pfeffer abschmecken.

Für 4 Personen • 20 Min. Zubereitung • Pro Portion ca. 65 kcal, 2 g E, 0 g F, 11 g KH

LAUWARMER MÖHRENSALAT

AUS DEM VORRAT

600 g Möhren
Salz
1 EL Rosinen
1 großer rotschaliger Apfel (z. B. Elstar)
1 Bund Koriandergrün
Saft von ½ Zitrone
Pfeffer

VARIANTE
Ganz ohne Kochen: Dazu die rohen Möhren in sehr dünne Scheiben schneiden und ca. 15 Min. im Zitronensaft marinieren.

1 Die Möhren putzen, schälen und in dünne Scheiben schneiden. In einem Topf mit wenig Salzwasser bedecken, dieses aufkochen und die Möhren darin in 6–8 Min. weich garen. Anschließend in ein Sieb abgießen, abtropfen lassen und in eine Schüssel geben. Rosinen zu den noch warmen Möhren geben, dann lauwarm abkühlen lassen.

2 Den Apfel waschen, vierteln und dabei das Kerngehäuse entfernen. Die Viertel in feine Würfel schneiden. Das Koriandergrün waschen und trocken schütteln, die groben Stiele entfernen, den Rest nicht zu fein hacken. Apfelwürfel und gehackten Koriander zu den Möhrenscheiben und Rosinen in die Schüssel geben.

3 Den Zitronensaft über den Salat geben und alle Zutaten vorsichtig miteinander vermengen. Mit Salz und Pfeffer abschmecken.

Für 4 Personen • 40 Min. Zubereitung • Pro Portion ca. 290 kcal, 12 g E, 10 g F, 33 g KH

LINSENSALAT

GÜNSTIG

200 g braune Tellerlinsen
2 Möhren
1 rotschaliger Apfel (z. B. Elstar)
2 EL Aceto balsamico bianco
4 EL Olivenöl
Salz
Pfeffer

DAZU PASST
Der Salat ist eine tolle Beilage zu gegrilltem Fleisch, Fisch oder Halloumi.

1 Die Linsen in einem Sieb unter fließend kaltem Wasser gründlich waschen. Anschließend mit mindestens der dreifachen Menge Wasser (kein Salz!) in einen großen Topf geben. Das Wasser aufkochen und die Linsen darin bei mittlerer Hitze in ca. 20 Min. bissfest garen.

2 Möhren putzen, schälen und in feine Würfel schneiden. Diese in den letzten 5 Min. Kochzeit zu den Linsen geben, dann abgießen, abtropfen und abkühlen lassen. Beides in eine Schüssel geben.

3 Inzwischen den Apfel waschen, vierteln und dabei entkernen. Die Viertel in feine Würfel schneiden und zu den Linsen geben.

4 Den Linsensalat mit Balsamico und Olivenöl vermischen und mit Salz und Pfeffer abschmecken. Auf vier Teller verteilen und servieren.

Für 4 Personen • 15 Min. Zubereitung • Pro Portion ca. 385 kcal, 16 g E, 16 g F, 38 g KH

KICHERERBSEN-TOMATEN-SALAT

SCHNELL

2 Dosen Kichererbsen
(à 400 g Abtropfgewicht)
400 g Kirschtomaten
100 g Schafskäse (Feta)
½ Bund glatte Petersilie
3 EL Olivenöl
Salz
Pfeffer

1 Kichererbsen in einem Sieb unter fließend kaltem Wasser gründlich abbrausen. Gut abtropfen lassen und in eine Schüssel geben.

2 Die Tomaten waschen, halbieren. Den Schafskäse in kleine Würfel schneiden und mit den Tomaten zu den Kichererbsen geben.

3 Die Petersilie waschen und trocken schütteln, die Blätter von den Stängeln zupfen und fein hacken. Mit dem Öl vorsichtig unter den Salat mischen und diesen kräftig mit Salz und Pfeffer abschmecken.

TUNING-TIPP
Den Salat in die Viertel eines Fladenbrots füllen und als Sandwich to go zum Strand mitnehmen.

Für 4 Personen • 20 Min. Zubereitung •
Pro Portion ca. 145 kcal, 2 g E, 12 g F, 6 g KH

TOMATENSALAT MIT OLIVEN UND KAPERN

ITALIENISCH

800 g reife Roma-Tomaten (Eiertomaten) • 75 g Oliven (entsteint) • 1 EL Kapern • ½ Bund glatte Petersilie • 2 EL Olivenöl • Salz • Pfeffer

1 Die Tomaten waschen, halbieren und die Stielansätze entfernen. Die Hälften ca. 2 cm groß würfeln und in eine Schüssel geben.

2 Die Oliven in Scheiben schneiden und mit den Kapern zu den Tomatenwürfeln geben.

3 Petersilie waschen, trocken schütteln, die Blätter von den Stängeln zupfen und sehr fein hacken. Mit dem Olivenöl in die Schüssel geben.

4 Sämtliche Zutaten vorsichtig vermengen und den Salat kräftig mit Salz und Pfeffer abschmecken. Auf vier Teller verteilen und servieren.

Für 4 Personen • 30 Min. Zubereitung •
Pro Portion ca. 330 kcal, 9 g E, 12 g F, 45 g KH

BULGURSALAT MIT HEIDELBEEREN

SOMMER-REZEPT

200 g Bulgur • Salz • 4 EL Olivenöl • 150 g Mais • 150 g Heidelbeeren • 100 g Rucola • Pfeffer

1 Bulgur in der doppelten Menge Salzwasser nach Packungsanweisung weich garen, dann vollständig abkühlen lassen und in eine Schüssel geben. Sofort mit 2 EL Olivenöl vermengen.

2 Den Mais in ein Sieb abgießen und abtropfen lassen, Heidelbeeren verlesen, kalt abbrausen und ebenfalls abtropfen lassen. Rucola waschen, trocken schütteln, anschließend grob hacken.

3 Die vorbereiteten Zutaten zum Bulgur in die Schüssel geben. Restliches Olivenöl (2 EL) hinzufügen und alles vorsichtig vermengen. Den Salat kräftig mit Salz und Pfeffer abschmecken.

Für 4 Personen • 10 Min. Zubereitung •
Pro Portion ca. 340 kcal, 11 g E, 19 g F, 30 g KH

BAUERNBROT MIT ZIEGENFRISCHKÄSE

HERZHAFT

4 große Scheiben Bauernbrot • 150 g Ziegenfrischkäse • 4 reife Roma-Tomaten (Eiertomaten) • 40 g getrocknete Feigen • 4 TL Olivenöl • Salz • Pfeffer

1 Jede Scheibe Bauernbrot großzügig mit dem Ziegenfrischkäse bestreichen.

2 Tomaten waschen, vom Stielansatz befreien und in dünne Scheiben schneiden. Diese dachziegelartig auf jedem Brot verteilen.

3 Die Feigen ebenfalls in dünne Scheiben schneiden und auf die Tomaten geben. Jedes Brot mit 1 TL Öl beträufeln, salzen und pfeffern.

Für 4 Personen • 15 Min. Zubereitung •
Pro Portion ca. 405 kcal, 16 g E, 17 g F, 46 g KH

WRAPS MIT LACHS UND RADIESCHEN

SCHNELL

1 Bund Radieschen • 175 g Frischkäse (Doppelrahmstufe) • Salz • Pfeffer • 4 große Tortillas (Weizenfladen, ersatzweise 8 kleine) • 100 g geräucherter Lachs • 50 g Rucola

1 Radieschen putzen, waschen und in feine Streifen schneiden. Den Frischkäse in einer Schüssel mit den Radieschen verrühren und die Creme kräftig salzen und pfeffern.

2 Tortillas mit dem Radieschen-Frischkäse bestreichen. Den geräucherten Lachs in Stücke zupfen und gleichmäßig auf die Fladen verteilen. Rucola waschen, trocken schütteln, grobe Stiele bei Bedarf entfernen. Rucolablätter ebenfalls zu gleichen Teilen über die Fladen geben.

3 Die Tortillas nun möglichst eng aufrollen, dann mit einem scharfen Messer einmal diagonal halbieren. Auf Tellern anrichten und servieren.

Für 4 Personen • 25 Min. Zubereitung • Pro Portion ca. 410 kcal, 17 g E, 22 g F, 36 g KH

SANDWICH MIT AUBERGINE, TOMATE UND MOZZARELLA

MEDITERRAN

1 kleine Aubergine
4 EL Olivenöl
2 Roma-Tomaten (Eiertomaten)
2 Kugeln Mozzarella à 125 g
4 Ciabatta-Brötchen (ersatzweise andere Brötchen)
Salz
Pfeffer

PRAXIS-TIPP
Statt in der Pfanne kann man die Auberginenscheiben auch wunderbar auf dem Grill garen. Gleich mehr zubereiten, dann hat man auch am nächsten Tag noch was davon.

1 Die Aubergine putzen, waschen, abtrocknen und quer in ca. 0,5 cm dicke Scheiben schneiden. 2 EL Olivenöl in einer Pfanne erhitzen und die Auberginenscheiben darin bei mittlerer Hitze von beiden Seiten jeweils 4–5 Min. anbraten. Anschließend herausnehmen und auf Küchenpapier entfetten.

2 Die Tomaten waschen, abtrocknen, vom Stielansatz befreien und quer in dünne Scheiben schneiden. Den Mozzarella abtropfen lassen und ebenfalls in dünne Scheiben schneiden.

3 Die Brötchen aufschneiden und die unteren Hälften jeweils zu gleichen Teilen mit Auberginen-, Tomaten- und Mozzarellascheiben belegen. Restliches Öl (2 EL) darüber träufeln und kräftig mit Salz und Pfeffer würzen. Obere Brötchen-Hälfte auflegen und das Sandwich vorsichtig zusammendrücken.

Für 4 Personen • 50 Min. Zubereitung • Pro Portion ca. 400 kcal, 6 g E, 27 g F, 31 g KH

KARTOFFELSALAT MIT AVOCADO

GUT VORZUBEREITEN

1 kg festkochende Kartoffeln
Salz
2 Avocados
1 Bund Koriandergrün
2 EL Aceto balsamico bianco
3 EL Olivenöl
Pfeffer

TIPP
Der Salat lässt sich auch prima aus übrig gebliebenen Kartoffeln vom Vortag zubereiten.

1 Die Kartoffeln mit der Schale gründlich waschen, in einem großen Topf mit Salzwasser bedecken, dieses aufkochen und die Kartoffeln darin in ca. 20 Min. garen. Danach abgießen, abkühlen lassen und schälen. Kartoffeln würfeln und in eine große Schüssel geben.

2 Die Avocados halbieren und die Kerne entfernen, dann das Fruchtfleisch mit einem Löffel aus der Schale heben. Das Fruchtfleisch ebenfalls in Würfel schneiden und zu den Kartoffeln geben.

3 Das Koriandergrün waschen und gut trocken schütteln. Die groben Stiele entfernen, die feineren zusammen mit den Blättern grob hacken und zu den anderen Zutaten in die Schüssel geben.

4 Den Kartoffelsalat mit 2 EL weißem Balsamico und 3 EL Olivenöl mild abschmecken und kräftig mit Salz und Pfeffer würzen.

Für 4 Personen • 20 Min. Zubereitung • Pro Portion ca. 155 kcal, 15 g E, 6 g F, 8 g KH

BOHNEN MIT THUNFISCH

SATTMACHER

1 Dose Thunfisch im eigenen Saft (185 g Abtropfgewicht)
1 Dose weiße Bohnen (240 g Abtropfgewicht)
2 große Roma-Tomaten (Eiertomaten)
½ Bund glatte Petersilie
2 EL Olivenöl
Salz, Pfeffer

TAUSCH-TIPP

Vegetarier ersetzen den Thunfisch durch Kapern und in Scheiben geschnittene Oliven.

1 Den Thunfisch mit Saft in eine große Schüssel geben. Den Fisch mit einer Gabel vorsichtig zerkleinern. Die Bohnen in ein Sieb abgießen, unter fließendem kaltem Wasser abspülen und gut abtropfen lassen. Anschließend zum Thunfisch in die Schüssel geben.

2 Die Tomaten waschen, halbieren, vom Stielansatz befreien und entkernen. Die Tomatenhälften klein würfeln. Die Petersilie waschen und trocken schütteln, die Blätter von den Stängeln zupfen und fein hacken. Mit den Tomatenwürfeln in die Schüssel geben.

3 Das Öl über die vorbereiteten Zutaten geben und alles vorsichtig vermengen. Den Salat kräftig mit Salz und Pfeffer abschmecken.

KOCHEN MIT FLAMME

Für 4 Personen • 25 Min. Zubereitung • Pro Portion ca. 375 kcal, 12 g E, 22 g F, 30 g KH

TORTELLINI-TOMATENCREMESUPPE

ITALIENISCH

2 Dosen gehackte Tomaten (à 400 g)
200 g Sahne
Salz
Pfeffer
400 g Tortellini (vorgegart; aus dem Kühlregal)
½ Bund Basilikum
30 g Parmesan (im Stück)

DAZU PASST
Besonders gut schmeckt die Suppe, wenn man sie noch mit etwas gutem Olivenöl beträufelt.

1 Tomaten und Sahne in einen großen Topf mit Deckel geben. Alles einmal aufkochen, dann die Hitze reduzieren und die Suppe ca. 5 Min. offen köcheln lassen. Kräftig mit Salz und Pfeffer würzen.

2 Die Tortellini aus der Packung direkt in die Suppe geben. Bei kleiner Hitze ca. 5 Min. bei aufgelegtem Deckel ziehen lassen. Inzwischen das Basilikum waschen und trocken schütteln, dann die Blätter von den Stängeln zupfen und grob hacken. Parmesan fein reiben.

3 Basilikum unter die Suppe rühren, den Parmesan darüberstreuen. Den Deckel auf den Topf setzen und die Suppe bei ausgeschaltetem Kocher 2–3 Min. stehen lassen, bis der Käse leicht geschmolzen ist. Die Suppe mit einem Stück knusprigem Baguette servieren.

Für 4 Personen • 40 Min. Zubereitung • Pro Portion ca. 280 kcal, 15 g E, 22 g F, 6 g KH

MÖHRENSUPPE MIT GARNELEN

ZUM VERWÖHNEN

400 g Möhren
2 EL Olivenöl
250 ml Gemüsebrühe
200 g Sahne
Salz
Pfeffer
250 g Garnelen (vorgegart, küchenfertig)

PRAXIS-TIPP
Kein Pürierstab im Camping-Gepäck? Wenn das Gemüse schön weich gekocht ist, lässt es sich prima mit einer Gabel zerdrücken.

1 Die Möhren putzen, schälen und in dünne Scheiben schneiden. In einem großen Topf 1 EL Öl erhitzen und die Möhren darin 5 Min. bei mittlerer Hitze anschwitzen. Die Brühe angießen, aufkochen und die Möhren darin zugedeckt in 15–20 Min. sehr weich garen.

2 Den Topf vom Kocher nehmen und die Möhren in der Brühe mit einer Gabel sorgfältig zerdrücken. Die Sahne dazugeben, gut unterrühren und die Suppe zurück auf den Kocher stellen. Bei kleiner Hitze weitere 5 Min. köcheln lassen, dann kräftig salzen und pfeffern.

3 Die Garnelen mit Küchenpapier trocken tupfen. Restliches Öl (1 EL) in einer Pfanne erhitzen und die Garnelen darin von beiden Seiten etwa 5 Min. anbraten. Mit Salz und Pfeffer würzen. Die Suppe in vier Teller verteilen und die Garnelen zum Servieren daraufsetzen.

Für 4 Personen • 35 Min. Zubereitung • Pro Portion ca. 160 kcal, 5 g E, 11 g F, 9 g KH

GRÜNE BOHNEN MIT TOMATEN

SOMMER-REZEPT

500 g feine grüne Bohnen
Salz
2 Knoblauchzehen
3 Strauchtomaten
2 EL Haselnusskerne
3 EL Butter
Pfeffer

DAZU PASST
Schmeckt als Beilage zu jeglicher Art von Fleisch oder Fisch! Vegetarier genießen das Gemüse als Hauptspeise mit knusprigem Baguette.

1 Die Bohnen putzen, waschen und in einem Topf mit kochendem Salzwasser 2–3 Min. blanchieren. Anschließend abgießen, kalt abschrecken und gut abtropfen lassen.

2 Knoblauch schälen und in feine Scheiben schneiden. Die Tomaten waschen und halbieren, dabei die Stielansätze und Kerne entfernen. Das Fruchtfleisch in feine Würfel schneiden.

3 Haselnusskerne mit einem scharfen Messer in Scheiben schneiden, alternativ grob hacken. In einer Pfanne ohne Fett bei mittlerer Hitze 4–5 Min. rösten, bis sich ein leichtes Röstaroma verbreitet. Aus der Pfanne nehmen und beiseitestellen.

4 Die Butter in der gleichen Pfanne schmelzen. Bohnen und Knoblauch dazugeben und bei mittlerer Hitze 5–7 Min. anbraten. Tomaten hinzufügen und weitere 4–5 Min. mit anbraten.

5 Das Gemüse kräftig mit Salz und Pfeffer würzen und vor dem Servieren mit den gerösteten Haselnüssen bestreuen.

Für 4 Personen • 30 Min. Marinieren • 20 Min. Zubereitung • Pro Portion ca. 290 kcal, 4 g E, 26 g F, 13 g KH

BUNTE GEMÜSESPIESSE

SCHMECKT KINDERN

2 Maiskolben (vorgegart und vakuumiert)
2 rote Paprika
250 g Champignons
100 ml Olivenöl
1 gehäufter TL Kräuter der Provence
Salz
Pfeffer

AUSSERDEM
8 Grillspieße aus Metall

TIPP
Die Gemüsespieße sind eine tolle Beilage zu gegrilltem Fleisch oder Fisch. Auch ein Kräuterquark passt gut dazu.

1 Vorgegarte Maiskolben mit einem scharfen Messer quer in ca. 2 cm dicke Scheiben schneiden. Die Paprika halbieren, Stielansätze, weiße Trennwände und Kerne entfernen. Die Hälften waschen und in ca. 2 cm große Stücke schneiden.

2 Champignons putzen, bei Bedarf mit einem Tuch abreiben und je nach Größe halbieren oder im Ganzen lassen. Das Öl in einer Schale mit den getrockneten Kräutern verrühren.

3 Das vorbereitete Gemüse abwechselnd auf die Spieße stecken, rundherum mit dem Kräuteröl bestreichen und auf einen Teller geben. Übrig gebliebenes Öl aufbewahren. Die Gemüsespieße abgedeckt etwa 30 Min. marinieren.

4 Anschließend das restliche Kräuteröl in einer großen Pfanne erhitzen und die Spieße darin rundum etwa 10 Min. anbraten. Kräftig mit Salz und Pfeffer würzen und servieren.

Für 4 Personen • 20 Min. Zubereitung • Pro Portion ca. 100 kcal, 3 g E, 6 g F, 8 g KH

KUNTERBUNTE GEMÜSEPFANNE

VITAMINREICH

1 gelbe und 1 rote Paprika
2 Zucchini
500 g bunte Kirschtomaten (z. B. gelb und rot)
4 Zweige Thymian
2 EL Olivenöl
Salz
Pfeffer

DAZU PASST
Schmeckt warm oder kalt! Am besten mit knusprigem Baguette und etwas Kräuterquark servieren.

1 Die Paprika halbieren, Stielansätze, weiße Trennwände und Kerne entfernen. Die Paprikahälften waschen und in ca. 2 cm große Stücke schneiden. Die Zucchini ebenfalls putzen und waschen, dann der Länge nach halbieren und quer in ca. 2 cm dicke Scheiben schneiden. Die Tomaten waschen und halbieren. Den Thymian waschen, trocken schütteln, dann die Blättchen von den Zweigen zupfen.

2 In einer großen Pfanne das Öl erhitzen. Zunächst die Paprikastücke und Zucchinischeiben darin bei mittlerer Hitze 4–5 Min. anbraten. Nach etwa 2 Min. den Thymian dazugeben.

3 Das Gemüse kräftig mit Salz und Pfeffer würzen. Ab und zu umrühren. Zuletzt die Kirschtomaten hinzufügen und weitere 2–3 Min. mit braten. Das Gemüse auf vier Teller verteilen und sofort servieren.

Für 4 Personen • 15 Min. Zubereitung • Pro Portion ca. 545 kcal, 19 g E, 24 g F, 59 g KH

GNOCCHI-PFANNE MIT BURRATA

AUS ITALIEN

3 EL Olivenöl
600 g Gnocchi (vorgegart; aus dem Kühlregal)
2 Bund Frühlingszwiebeln
500 g Kirschtomaten
Salz
Pfeffer
2 Kugeln Burrata à 125 g

TUNING-TIPP
Die Gnocchi-Pfanne nach Belieben mit jeder Art von Gemüse verfeinern, sehr gut passen Paprika, Zucchini oder Champignons.

1 Das Olivenöl in einer weiten Pfanne erhitzen. Die Gnocchi darin unter Wenden in 4–5 Min. rundherum goldbraun anbraten.

2 Die Frühlingszwiebeln putzen, waschen und schräg in ca. 1 cm lange Stücke schneiden. Die Kirschtomaten waschen und halbieren.

3 Frühlingszwiebelstücke und Kirschtomaten zu den Gnocchi geben und weitere 2–3 Min. mit anbraten. Kräftig salzen und pfeffern.

4 Burrata grob zerzupfen und über dem Pfanneninhalt verteilen. Den Kocher ausschalten, die Pfanne noch 1–2 Min. stehen lassen, bis der Käse leicht zerlaufen ist. Alles auf Teller verteilen und servieren.

Für 4 Personen • 30 Min. Zubereitung • Pro Portion ca. 620 kcal, 21 g E, 26 g F, 73 g KH

PASTA MIT CHAMPIGNONS UND TOMATEN

VEGETARISCH

Salz
400 g Penne
250 g Champignons
100 g getrocknete Tomaten in Öl
½ Bund glatte Petersilie
200 g Schafskäse (Feta)
Pfeffer

TUNING-TIPP
Für ein bisschen mehr Wumms die Pasta mit getrockneten Chiliflocken bestreut servieren.

1 In einem großen Topf reichlich Salzwasser aufkochen und die Penne darin nach Packungsanweisung bissfest garen. Danach in ein Sieb abgießen, kalt abschrecken und abtropfen lassen, dabei etwas von dem Nudelkochwasser auffangen.

2 Die Champignons putzen, bei Bedarf mit einem Tuch abreiben und in Scheiben schneiden. Die getrockneten Tomaten in einem kleinen Sieb etwas abtropfen lassen, das Öl dabei auffangen. Die Tomaten in schmale Streifen schneiden.

3 Das Öl der Tomaten in einer großen Pfanne erhitzen. Die Champignons darin bei mittlerer Hitze 4–5 Min. anbraten, dann die Tomatenstreifen dazugeben und weitere 2–3 Min. braten.

4 In der Zwischenzeit die Petersilie waschen und trocken schütteln. Die Blätter von den Stängeln zupfen und fein hacken. Den Schafskäse in mundgerechte Würfel schneiden.

5 Abgetropfte Penne mit 2–3 EL vom Nudelkochwasser zu den Pilzen und Tomaten in die Pfanne geben, gut untermengen und 2–3 Min. braten. Kräftig salzen und pfeffern.

6 Gehackte Petersilie und gewürfelten Schafskäse vorsichtig unter die Pasta mischen und diese sofort servieren.

Für 4 Personen • 35 Min. Zubereitung • Pro Portion ca. 365 kcal, 10 g E, 9 g F, 59 g KH

SPINAT-RISOTTO

CREMIG

200 g Baby-Blattspinat
750 ml Gemüsebrühe
2 EL Olivenöl
300 g Risotto-Reis (z. B. Arborio)
40 g Parmesan (im Stück)
Salz
Pfeffer

TUNING-TIPP
Es wird nur für Erwachsene gekocht? Dann einen Teil der Gemüsebrühe durch milden Weißwein ersetzen und den Reis damit ablöschen.

1 Den Babyspinat verlesen, waschen und trocken schütteln, anschließend sehr fein hacken und beiseitestellen.

2 Die Gemüsebrühe in einem großen Topf aufkochen, dann in ein separates Gefäß umfüllen und zur Seite stellen.

3 In dem gleichen Topf das Öl erhitzen und den Reis darin unter Rühren 1–2 Min. andünsten. Mit einem ordentlichen Schuss heißer Brühe ablöschen und rühren, bis die Flüssigkeit vom Reis nahezu vollständig aufgenommen wurde.

4 Auf diese Weise nach und nach die heiße Brühe hinzufügen und immer wieder umrühren, damit der Reis nicht am Boden des Topfes kleben bleibt. Nach etwa 15 Min. Garzeit den fein gehackten Spinat dazugeben und sorgfältig unterrühren.

5 Den Parmesan fein reiben. Sobald die Brühe vollständig aufgebraucht und der Reis gar ist (nach etwa 20 Min.), 4 EL geriebenen Parmesan unterrühren. Den Kocher ausschalten und den Risotto bei aufgelegtem Deckel 2–3 Min. ruhen lassen.

6 Vor dem Servieren kräftig mit Salz und Pfeffer abschmecken und mit dem übrig gebliebenen Parmesan bestreuen.

GU
CLOU

Fix und fertig gebackenes und in der Pfanne knusprig angeröstetes Fladenbrot ersetzt hier den Flammkuchenteig. Mit Schmand, Zwiebeln und kross angebratenem Speck belegt und in der Pfanne zartschmelzend herausgebacken wird daraus der perfekte Flammkuchengenuss ganz ohne Backofen.

Für 4 Personen • 25 Min. Zubereitung • Pro Portion ca. 545 kcal, 17 g E, 24 g F, 68 g KH

PFANNENFLAMMKUCHEN

KLASSIKER

1 rundes Fladenbrot
100 g Bauchspeck
250 g Schmand
Salz
Pfeffer
1 Zwiebel
½ Bund Schnittlauch

TAUSCH-TIPP

Für eine vegetarische Variante den Speck durch getrocknete und in Öl eingelegte Tomaten ersetzen. Auch Gemüse passt prima auf den Flammkuchen, dafür das Gemüse vorher kurz anbraten und gut würzen.

1 Das Fladenbrot mit einem langen Messer horizontal durchschneiden. Eine große Pfanne (mit Deckel) erhitzen und die Brothälften nacheinander mit der Schnittseite nach unten je 2–3 Min. rösten. Aus der Pfanne nehmen und beiseitelegen.

2 Den Speck mit einem scharfen Messer in feine Streifen schneiden und in der gleichen Pfanne ohne Zugabe von Fett 3–4 Min. anbraten. Dann herausnehmen und auf Küchenpapier entfetten. Die Pfanne mit Küchenpapier auswischen.

3 Den Schmand in einer kleinen Schale glatt rühren, wenig salzen und pfeffern. Die Zwiebel schälen, halbieren, dann quer in dünne Ringe schneiden. Schnittlauch waschen und trocken schütteln, anschließend in kleine Röllchen schneiden.

4 Die erste Hälfte Fladenbrot mit der Schnittseite nach unten in die Pfanne setzen. Mit der halben Menge Schmand bestreichen sowie mit der Hälfte Zwiebeln und Speck belegen. Den Flammkuchen zugedeckt bei kleiner Hitze 5–7 Min. backen.

5 Anschließend aus der Pfanne nehmen und die zweite Hälfte Fladenbrot in gleicher Weise belegen und backen. Vor dem Servieren mit Schnittlauch bestreuen und in Stücke schneiden.

Für 4 Personen • 45 Min. Zubereitung • Pro Portion ca. 305 kcal, 13 g E, 20 g F, 18 g KH

KARTOFFELPFANNE

DEFTIG

600 g festkochende Kartoffeln
Salz
100 g Bauchspeck
2 EL Butter
4 Eier (M)
Pfeffer
½ Bund Schnittlauch

TIPP
Dieses herzhafte Bauernfrühstück am besten direkt aus der Pfanne essen. Finden die Kinder toll und man spart sich Geschirr beim Abspülen.

1 Die Kartoffeln samt Schale unter fließendem Wasser gründlich waschen. Anschließend in einen großen Topf geben, mit Salzwasser bedecken, dieses aufkochen und die Kartoffeln darin in 20–30 Min. (je nach Größe) weich garen.

2 Kartoffeln vom Kocher nehmen, abgießen und abkühlen lassen, dann pellen und in mundgerechte Würfel schneiden.

3 Den Speck mit einem scharfen Messer in Streifen schneiden und in einer großen Pfanne ohne Fett 3–4 Min. anbraten. Aus der Pfanne nehmen und auf Küchenpapier entfetten.

4 Die Pfanne mit Küchenpapier auswischen, dann die Butter zerlassen und die Kartoffelwürfel darin bei mittlerer Hitze ca. 15 Min. anbraten. Dabei gelegentlich, aber nicht zu oft, umrühren. Den gebratenen Speck vorsichtig untermengen.

5 Die Eier in eine kleine Schüssel aufschlagen und verquirlen. Kräftig mit Salz und Pfeffer würzen. Eimasse über die Kartoffeln und den Speck gießen. Sobald das Ei anfängt zu stocken, vorsichtig umrühren, sodass ein »G'röstl« entsteht.

6 Schnittlauch waschen, trocken schütteln, in feine Röllchen schneiden und über die Kartoffelpfanne streuen.

Für 4 Personen • 20 Min. Zubereitung • Pro Portion ca. 520 kcal, 21 g E, 16 g F, 72 g KH

KÄSENUDELN MIT SPECK

SCHMECKT KINDERN

400 g breite Bandnudeln
Salz
80 g Bauchspeck
100 g geriebener Emmentaler
frisch geriebene Muskatnuss
Pfeffer
½ Bund Petersilie

TAUSCH-TIPP

Wer es noch etwas saftiger mag, brät eine in Stücke geschnittene Paprika oder eine Handvoll Kirschtomaten mit dem Speck an.

1 Bandnudeln in reichlich kochendem Salzwasser nach Packungsanweisung bissfest garen. Anschließend abgießen und gut abtropfen lassen, dabei etwas von dem Nudelkochwasser auffangen.

2 Den Speck mit einem scharfen Messer in Streifen schneiden und in einer Pfanne ohne Fett 3–4 Min. braten. Die abgetropften Nudeln dazugeben sowie etwa ¾ des geriebenen Käses. Gegebenenfalls auch 2–3 EL vom Nudelkochwasser hinzufügen. Alles mit Muskat, Salz und Pfeffer würzen und pikant abschmecken.

3 Die Petersilie waschen und trocken schütteln, die Blättchen von den Stängeln zupfen und fein hacken. Die Pasta auf Tellern anrichten und mit Petersilie und restlichem Käse bestreut servieren.

Für 4 Personen • 35 Min. Zubereitung • Pro Portion ca. 475 kcal, 32 g E, 31 g F, 17 g KH

SCHNELLER CHILITOPF

KLASSIKER

2 EL Olivenöl
500 g gemischtes Hackfleisch
Salz
Pfeffer
1 Dose Kidney-Bohnen (250 g Abtropfgewicht)
2 Dosen gehackte Tomaten (à 400 g)
½ TL Chiliflocken

1 Das Olivenöl in einem großen Topf erhitzen. Das Hackfleisch darin bei mittlerer Hitze für 5 Min. anbraten. Kräftig salzen und pfeffern.

2 Während das Hackfleisch brät, die Bohnen in einem Sieb unter fließend kaltem Wasser gründlich abspülen. Gut abtropfen lassen.

3 Tomaten und Chiliflocken zum Hackfleisch geben und bei kleiner Hitze etwa 15 Min. köcheln, gelegentlich umrühren. Bohnen hinzufügen und alles 5 Min. bei kleiner Hitze zugedeckt gar ziehen lassen. Chilitopf abschmecken und mit einem Stück Baguette servieren.

TAUSCH-TIPP
Vegetarier fügen statt Hackfleisch eine klein gewürfelte rote Paprika sowie eine Dose Mais hinzu.

Für 4 Personen • 20 Min. Zubereitung • Pro Portion ca. 385 kcal, 32 g E, 28 g F, 2 g KH

RINDERSTEAK MIT PETERSILIENÖL

EDEL

4 Rindersteaks à 150 g
Salz
Pfeffer
8 EL Olivenöl
1 Bund Petersilie
2 EL Kapern
1 rote Chilischote

GU CLOU

Kein Kühlschrank im Zelt? Statt Kräuterbutter, die man gekühlt aufbewahren muss, sorgt hier das Petersilienöl für eine feine und aromatische Würze!

1 Die Steaks mit Küchenpapier trocken tupfen und von beiden Seiten mit Salz und Pfeffer würzen. 2 EL Olivenöl in einer großen Pfanne (mit Deckel) erhitzen. Die Rindersteaks darin von beiden Seiten jeweils 3 Min. kräftig anbraten.

2 Anschließend den Herd ausschalten, den Deckel auf die Pfanne legen und das Fleisch für 4 Min. ruhen lassen. In der Zwischenzeit die Petersilie waschen und trocken schütteln, die Blätter von den Stängeln zupfen und sehr fein hacken.

3 Die Kapern ebenfalls fein hacken. Chilischote halbieren, Stielansatz, weiße Trennwände und Kerne entfernen. Die Hälften waschen und quer in feine Streifen schneiden. Petersilie, Kapern und Chili mit dem restlichen Öl (6 EL) vermischen.

4 Die Steaks aus der Pfanne nehmen, in Streifen schneiden und auf Tellern verteilen. Mit dem Bratensaft aus der Pfanne beträufeln und zusammen mit dem Petersilienöl servieren.

Für 4 Personen • 25 Min. Zubereitung • Pro Portion ca. 515 kcal, 45 g E, 9 g F, 64 g KH

KRÄUTER-TOMATEN-REIS MIT PUTE

LEICHTE SOMMERKÜCHE

300 g Langkornreis
Salz
600 g Putenbrustfilet
2 große Fleischtomaten
1 Bund gemischte Kräuter
2 EL Olivenöl
Pfeffer

DAZU PASST
Noch mehr Pfiff bekommt das Ganze mit einer Mischung aus Wildreis und Langkornreis!

1 Den Reis in ein Sieb geben und unter fließendem kaltem Wasser gründlich waschen. Danach in reichlich kochendem Salzwasser nach Packungsanweisung bissfest garen, abgießen und abtropfen lassen.

2 Das Fleisch mit Küchenpapier trocken tupfen und ca. 3 cm groß würfeln. Tomaten waschen, halbieren, Stielansätze und Kerne entfernen. Die Hälften fein würfeln. Die Kräuter waschen, trocken schütteln. Die Blätter von den Stängeln zupfen und fein hacken.

3 Das Öl in einer Pfanne erhitzen. Das Fleisch darin 4–5 Min. scharf anbraten, dann salzen, pfeffern und die Hitze reduzieren.

4 Abgetropften Reis, Tomatenwürfel und gehackte Kräuter zum Fleisch in die Pfanne geben und 3–4 Min. mitbraten. Den Reis vor dem Servieren noch einmal mit Salz und Pfeffer abschmecken.

Für 4 Personen • 25 Min. Zubereitung • Pro Portion ca. 255 kcal, 38 g E, 7 g F, 11 g KH

PUTENBRUST MIT TRAUBEN

HERBST-REZEPT

600 g Putenbrustfilet
1 Bund Frühlingszwiebeln
250 g kernlose grüne Trauben
2 EL Olivenöl
1 TL getrocknete Kräuter der Provence
Salz
Pfeffer

DAZU PASST
Die Sauce mit einem Schuss Sahne verfeinern und gekochten Reis oder Nudeln dazu servieren.

1 Das Fleisch mit Küchenpapier trocken tupfen und ca. 4 cm groß würfeln. Die Frühlingszwiebeln putzen und waschen, dann schräg in ca. 1 cm lange Stücke schneiden. Die Trauben waschen, halbieren.

2 Das Öl in einer großen Pfanne erhitzen und die Putenbrustwürfel darin 8–10 Min. kräftig anbraten. Kräuter der Provence hinzufügen und das Fleisch mit Salz und Pfeffer abschmecken. Hitze reduzieren.

3 Frühlingszwiebeln zum Fleisch geben und 2–3 Min. mit braten, dann die Trauben hinzufügen und weitere 2–3 Min. mitgaren. Den Pfanneninhalt auf vier Teller verteilen und sofort servieren.

Für 4 Personen • 20 Min. Zubereitung • Pro Portion ca. 685 kcal, 36 g E, 17 g F, 91 g KH

SPAGHETTI AGLIO E OLIO MIT THUNFISCH

ITALIENISCH

500 g Spaghetti
Salz
4 Knoblauchzehen
1 rote Chilischote
5 EL Olivenöl
2 Dosen Thunfisch im eigenen Saft (à 185 g Abtropfgewicht)
Pfeffer

1 Die Spaghetti in reichlich kochendem Salzwasser nach Packungsanweisung bissfest garen, abgießen und abtropfen lassen, dabei etwas vom Nudelkochwasser auffangen.

2 Den Knoblauch schälen und die Zehen mit der flachen Seite eines großen Messers andrücken. Die Chilischote halbieren, Stielansatz, Trennwände und nach Wunsch die Kerne entfernen. Die Hälften waschen und in feine Streifen schneiden.

3 Das Öl in einer großen Pfanne erhitzen. Knoblauchzehen und Chilistreifen dazugeben und bei mittlerer Hitze etwa 5 Min. anschwitzen, dabei gelegentlich umrühren und aufpassen, dass der Knoblauch nicht braun und somit bitter wird.

4 Anschließend die abgetropften Spaghetti sowie 2–3 EL vom Nudelkochwasser mit in die Pfanne geben. Spaghetti 2–3 Min. mit anbraten und gründlich mit dem Knoblauch-Chili-Öl vermengen. Dann alles kräftig salzen und pfeffern.

5 Den Thunfisch aus der Dose in ein kleines Sieb geben und mit einer Gabel zerpflücken. Zu den Spaghetti geben und vorsichtig untermengen. Thunfisch nur ganz kurz mit erwärmen, dann die Pasta auf vier Teller verteilen und sofort servieren. Die ganzen Knoblauchzehen vor dem Servieren entfernen.

GU **CLOU**

Durch das Mitgaren der ganzen Knoblauchzehen bekommen die Spaghetti eine angenehm milde Knoblauch-Note. Wen der intensive Geschmack von Knoblauch nicht stört, der kann den Knoblauch auch in Scheiben schneiden oder hacken.

Für 4 Personen • 30 Min. Zubereitung • Pro Portion ca. 360 kcal, 27 g E, 25 g F, 6 g KH

BROKKOLI-FISCH-PFANNE

EINFACH

500 g Brokkoli
Salz
500 g festes Fischfilet (z. B. Seelachs)
Pfeffer
30 g Pinienkerne
250 g Sahne
½ Bund Basilikum

DAZU SCHMECKT
Am besten zur Fischpfanne knuspriges Baguette oder Ciabatta servieren.

1 Den Brokkoli waschen, in kleine Röschen teilen und diese in reichlich kochendem Salzwasser ca. 3 Min. bissfest garen. Anschließend in ein Sieb abgießen und gut abtropfen lassen.

2 Das Fischfilet mit Küchenpapier trocken tupfen, von beiden Seiten salzen und pfeffern und in ca. 3 cm große Stücke schneiden. Die Pinienkerne in einer Pfanne ohne Fett goldbraun rösten, dann herausnehmen und zur Seite stellen.

3 In derselben Pfanne die Sahne kurz aufkochen, danach die Hitze reduzieren. Das in Würfel geschnittene Fischfilet vorsichtig dazugeben und in 3–4 Min. gar ziehen lassen. Den abgetropften Brokkoli hinzufügen und unterheben.

4 Das Basilikum waschen, trocken schütteln, die Blätter von den Stängeln zupfen und grob hacken. Brokkoli-Fisch-Pfanne mit Pinienkernen und gehacktem Basilikum bestreut servieren.

Für 4 Personen • 25 Min. Zubereitung • Pro Portion ca. 385 kcal, 30 g E, 26 g F, 7 g KH

LACHSFILET MIT FENCHEL UND ORANGE

FÜR GENIESSER

4 Lachsfilets à 150 g
Salz
Pfeffer
2 kleine Bio-Orangen
1 große Knolle Fenchel
2 EL Olivenöl
½ Bund Dill

TAUSCH-TIPP
Hier eignet sich jede Art von Fischfilet. Statt der Orangen- passen auch gut Zitronenscheiben, und wer keinen Dill mag, ersetzt diesen einfach durch fein gehackte Petersilie.

1 Die Lachsfilets mit Küchenpapier trocken tupfen. Die Filets von beiden Seiten mit Salz und Pfeffer würzen. Die Orangen heiß waschen und abtrocknen. Eine Orange mit der Schale in Scheiben schneiden, von der zweiten den Saft auspressen.

2 Den Fenchel der Länge nach halbieren und den Strunk keilförmig herausschneiden. Jede Hälfte quer in dünne Streifen schneiden. Die Fenchelstreifen unter kaltem Wasser abspülen.

3 In einer großen Pfanne (mit Deckel) 1 EL Olivenöl erhitzen. Die Fenchelstreifen darin 3–4 Min. unter Wenden andünsten. Dann aus der Pfanne nehmen und zur Seite stellen.

4 Restliches Olivenöl (1 EL) in derselben Pfanne erhitzen und die Lachsfilets zusammen mit den Orangenscheiben bei mittlerer Hitze jeweils 2–3 Min. pro Seite anbraten.

5 Fenchel dazugeben, alles mit dem Orangensaft ablöschen und einmal aufkochen, dann bei ausgeschaltetem Herd und geschlossenem Deckel weitere 2–3 Min. ziehen lassen.

6 Dill waschen und trocken schütteln, die Spitzen abzupfen und fein hacken. Fisch und Gemüse vor dem Servieren mit Salz und Pfeffer abschmecken und mit gehacktem Dill bestreuen.

SNACKS & SÜSSES

Für 4 Personen • 35 Min. Zubereitung • Pro Portion ca. 395 kcal, 23 g E, 15 g F, 41 g KH

HERZHAFTE PFANNKUCHEN-RÖLLCHEN

FÜR KINDER

2 Eier (M)
200 g Mehl
400 ml Milch
Salz
ca. 2 EL Butter zum Anbraten
200 g gekochter Schinken (in Scheiben, ersatzweise 200 g Käse in Scheiben, nach Wahl)

1 Die Eier in eine große Schüssel geben und leicht verquirlen. Mehl, Milch sowie eine gute Prise Salz dazugeben und alles zu einem glatten Teig verrühren. Den Teig 10 Min. quellen lassen.

2 In einer weiten Pfanne 1 TL Butter erhitzen und so viel Pfannkuchenteig hineingeben, bis der Pfannenboden nach mehrmaligem Schwenken gleichmäßig bedeckt ist.

3 Den Pfannkuchen 2–3 Min. backen, dann mithilfe eines Pfannenwenders wenden. Während die zweite Seite backt, 1 Scheibe Schinken (oder Käse) auf dem Pfannkuchen verteilen.

4 Den fertig gebackenen Pfannkuchen auf einen großen Teller gleiten lassen, aufrollen und einmal diagonal halbieren.

5 In der gleichen Weise noch sieben weitere Pfannkuchen zubereiten. Die Pfannkuchen-Röllchen am besten sofort von der Hand in den Mund wandern lassen.

TAUSCH-TIPP

Die Pfannkuchen-Röllchen lassen sich auch prima mit Spinat, Räucherlachs, kleinen Apfelstücken, Nutella oder Marmelade füllen.

Für 4 Personen • 10 Min. Zubereitung •
Pro Portion ca. 130 kcal, 18 g E, 6 g F, 2 g KH

SCHINKEN-RÖLLCHEN

HERZHAFT

50 g Rucola • 200 g gekochter Schinken (in Scheiben) • 200 g Kräuterfrischkäse • 1 EL Kapern • Pfeffer

1 Den Rucola waschen und trocken schütteln.

2 Schinkenscheiben mit Frischkäse bestreichen.

3 Den Rucola und die Kapern auf den Schinkenscheiben verteilen und alles mit Pfeffer würzen.

4 Die belegten Schinkenscheiben vorsichtig aufrollen und direkt aus der Hand essen.

TIPP
Für die vegetarische Variante einfach in Scheiben geschnittenen Käse verwenden. Schneidet man die Röllchen in Scheiben und legt sie auf Pumpernickel, ist der Snack noch sättigender.

Für 4 Personen • 10 Min. Zubereitung •
Pro Portion ca. 194 kcal, 9 g E, 12 g F, 13 g KH

MELONENSPIESSE

ERFRISCHEND

½ Honigmelone • 1 Stück Wassermelone (ca. 300 g) • 200 g Schafskäse (Feta) • 24 Blättchen Minze • 8 Spieße aus Bambus oder Metall

1 Honig- und Wassermelone entkernen und schälen, dann ca. 2 cm groß würfeln.

2 Den Schafskäse ebenfalls ca. 2 cm groß würfeln. Minzeblätter waschen, trocken schütteln.

3 Melonenstücke, Schafskäsewürfel und Minzeblätter abwechselnd auf die Spieße stecken.

PRAXIS-TIPP
Wer keine Spieße zur Hand hat, wirft alles zu einem Salat zusammen in eine große Schüssel!

Für 4 Personen • 10 Min. Zubereitung •
Pro Portion ca. 310 kcal, 11 g E, 13 g F, 36 g KH

FRISCHKÄSE-DIP

VIELSEITIG

200 g körniger Frischkäse • 2 EL grüne Oliven (entsteint) • 5 getrocknete Tomaten in Öl • 1 EL Kapern • Salz • Pfeffer • 200 g salzige Cracker nach Wahl

1 Den Frischkäse in eine Schüssel geben.

2 Oliven und Tomaten fein hacken und mit den Kapern unter den Frischkäse rühren.

3 Die Frischkäsecreme mit Salz und Pfeffer würzig abschmecken und zu den Crackern genießen.

TIPP

Der Dip eignet sich auch hervorragend als Brotaufstrich. Mit Schinken und in Scheiben geschnittenen Tomaten oder Gewürzgurken belegt, wird daraus eine kleine Mahlzeit.

Für 4 Personen • 10 Min. Zubereitung •
Pro Portion ca. 210 kcal, 5 g E, 19 g F, 4 g KH

GURKENHÄPPCHEN

LIEBLINGSSNACK

1 große Bio-Salatgurke • 30 g getrocknete Tomaten in Öl • ½ Bund Basilikum • 200 g Frischkäse (Doppelrahmstufe) • Salz • Pfeffer • 2 EL Sonnenblumenkerne

1 Die Gurke mit Schale gut waschen, abtrocknen und in ca. 0,5 cm dicke Scheiben schneiden. Diese auf einem großen Teller anrichten.

2 Die Tomaten etwas abtropfen lassen und fein hacken. Basilikum waschen, trocken schütteln, die Blätter von den Stängeln zupfen und fein hacken. Tomaten und Basilikum mit dem Frischkäse verrühren. Mit Salz und Pfeffer abschmecken.

3 Die Sonnenblumenkerne in einer Pfanne ohne Fett goldbraun anrösten und etwas abkühlen lassen. Die Gurkenscheiben mit der Frischkäse-Creme bestreichen und mit Kernen bestreuen.

Für 4 Personen • 40 Min. Zubereitung • Pro Portion ca. 420 kcal, 14 g E, 10 g F, 69 g KH

MILCHREIS MIT BEEREN

KLASSIKER

1 l Milch
Salz
250 g Milchreis
250 g Erdbeeren
250 g Heidelbeeren
3 Stängel Minze

TIPP
Minze ist nicht jedermanns Sache und kann natürlich jederzeit weggelassen werden. Wer es süßer mag, bestreut den Milchreis noch ganz klassisch mit einer Mischung aus Zimt und Zucker.

1 Die Milch mit einer guten Prise Salz in einen großen Topf (mit Deckel) geben und einmal aufkochen. Hitze reduzieren und den Reis einrühren. 2–3 Min. unter Rühren köcheln.

2 Dann die Hitze auf die kleinste Stufe stellen. Den Deckel auf den Topf setzen und den Reis in ca. 25 Min. gar ziehen lassen. Ab und zu umrühren, damit der Reis nicht anklebt.

3 In der Zwischenzeit die Erdbeeren und Heidelbeeren verlesen und kurz kalt abbrausen. Die Erdbeeren vom Stielansatz befreien und in mundgerechte Stücke schneiden.

4 Die Minze waschen und trocken schütteln, die Blättchen von den Stängeln zupfen und in feine Streifen schneiden.

5 Minze mit den Beeren in eine große Schüssel geben und beides vorsichtig miteinander vermengen. Sobald der Reis gar ist, auf Teller verteilen und mit den Beeren anrichten.

*Für 4 Personen • 15 Min. Zubereitung •
Pro Portion ca. 355 kcal, 9 g E, 13 g F, 48 g KH*

SCHICHTJOGHURT

ZUM FRÜHSTÜCK

400 g griechischer Sahnejoghurt (10 % Fett) • 200 g Knuspermüsli oder Müsli nach Wahl • 1 rotschaliger Apfel (z. B. Elstar) • ½ Honigmelone • 3 Stängel Minze • 4 Gläser (à 250 ml Inhalt)

1 In jedes Glas 2 EL Sahnejoghurt geben. Müsli darauf verteilen, dann den restlichen Joghurt.

2 Den Apfel waschen, vierteln, entkernen und klein würfeln. Die Würfel in eine Schüssel geben.

3 Die Honigmelone entkernen, schälen und ebenfalls klein würfeln. Die Minze waschen und trocken schütteln, die Blättchen von den Stängeln zupfen und in feine Streifen schneiden.

4 Melone und Minze zum Apfel geben und die Zutaten vorsichtig miteinander vermengen. Danach gleichmäßig auf die Gläser verteilen.

*Für 4 Personen • 20 Min. Zubereitung •
Pro Portion ca. 235 kcal, 9 g E, 11 g F, 24 g KH*

KNUSPERQUARK

FÜR KINDER

500 g Erdbeeren • 250 g Quark (40 % Fett) • 50 ml Milch • 2 EL Rohrohrzucker • 50 g Butterkekse mit Schokolade

1 Die Erdbeeren waschen, vom Stielansatz befreien und anschließend in mundgerechte Stücke schneiden. Die Hälfte der Erdbeeren zur Seite stellen, die andere Hälfte in einen tiefen Teller geben und mit einer Gabel zerdrücken.

2 Den Quark in eine Schüssel geben und mit der Milch und dem Rohrohrzucker glatt verrühren. Die zerdrückten Erdbeeren dazugeben und unterrühren, anschließend die in Stücke geschnittenen Erdbeeren vorsichtig unterheben.

3 Den Erdbeerquark gleichmäßig auf 4 Schüsselchen verteilen. Die Schoko-Butterkekse mit einem schweren Messer grob hacken. Keksbruch über den Quark streuen und sofort servieren.

Für 4 Personen • 15 Min. Zubereitung • 30 Min. Ruhen • Pro Portion ca. 195 kcal, 5 g E, 4 g F, 32 g KH

BLITZ-TIRAMISU

KLASSIKER

8 Löffelbiskuits (ca. 60 g) • 100 ml starker Kaffee • 2 große Bananen • 250 g Vanillejoghurt • 2 EL Schokoraspel • 4 Trinkgläser (à 250 ml Inhalt)

1 Die Löffelbiskuits in Stücke brechen. Die Hälfte davon auf den Boden der Gläser verteilen. Mit der Hälfte des kalten Kaffees beträufeln.

2 Die Hälfte des Vanillejoghurts auf die Gläser verteilen. Die Bananen schälen, in Scheiben schneiden und zur Hälfte auf den Joghurt geben.

3 Es folgt die zweite Hälfte Löffelbiskuit, diesen mit restlichem Kaffee beträufeln. Den übrigen Joghurt und restliche Banane darauf verteilen.

4 Das Tiramisu wenn möglich 30 Min. im Kühlschrank kalt stellen, ansonsten sofort genießen. Vor dem Servieren mit Schokoraspeln bestreuen.

Für 4 Personen • 20 Min. Zubereitung • Pro Portion ca. 1190 kcal, 31 g E, 95 g F, 55 g KH

NUSSKROKANT

KERNIG

200 g Walnusskerne • 200 g Kürbiskerne • 200 g Sonnenblumenkerne • 150 g Rohrohrzucker • 80 g Butter

1 Die Nüsse und Kerne mit einem schweren Messer auf einem Schneidebrett grob hacken.

2 Zucker in eine Pfanne geben und bei mittlerer Hitze schmelzen. Dabei die Pfanne ab und zu hin- und her schwenken, aber nicht umrühren.

3 Sobald der Zucker flüssig ist, die Butter in kleinen Stücken dazugeben und mit einem Kochlöffel einrühren. 1–2 Min. karamellisieren, dann den gehackten Nuss-Kerne-Mix untermischen.

4 Die Masse sofort auf ein Backpapier gießen und glatt verstreichen, damit der Zucker nicht schon in der Pfanne fest wird. Den Nusskrokant abkühlen lassen, dann in Stücke brechen.

REGISTER

Vegetarische Rezepte, die im Buch mit einem 🌿 gekennzeichnet sind, sind hier grün abgesetzt.

Abkürzungsverzeichnis:
E = Eiweiß
EL = Esslöffel (gestrichen)
F = Fett
kcal = Kilokalorien
KH = Kohlenhydrate
Msp. = Messerspitze
Pck. = Päckchen
TL = Teelöffel (gestrichen)
Ø = Durchmesser

GU ist eine eingetragene Marke der GRÄFE UND UNZER VERLAG GmbH, www.gu.de

ISBN 978-3-8338-7847-3
2. Auflage 2021

Projektleitung: Vanessa Lotz
Lektorat: Stefanie Gronau
Korrektorat: Ulrike Wagner
Gesamtgestaltung: independent Medien-Design, München: Horst Moser (Artdirection), Lucie Heselich, Svenja Wamser
Herstellung: Mendy Willerich
Satz: Kösel, Krugzell
Reproduktion: medienprinzen GmbH, München
Druck und Bindung: Firmengruppe APPL, aprinta druck, Wemding

Printed in Germany

www.facebook.com/gu.verlag

Ein Unternehmen der GANSKE VERLAGSGRUPPE

Umwelthinweis:
Dieses Buch ist auf PEFC-zertifiziertem Papier aus nachhaltiger Waldwirtschaft gedruckt.

Syndication: www.seasons.agency

DIE AUTORIN

Sonja Stötzel, freie Autorin in München, betreibt seit November 2013 mit ihrem Mann Martin den Foodblog »Madame Cuisine«, der mittlerweile über 350.000 Seitenaufrufe pro Monat hat. Beim Isarnetz Blog Award 2016 wurde »Madame Cuisine« als bester Foodblog Münchens ausgezeichnet. Das Reisen mit Zelt oder Wohnmobil war für Sonja schon immer eine große Leidenschaft – und das genussvolle Kochen unterwegs ist für sie ein Highlight in jedem Urlaub.

DER FOTOGRAF

Silvio Knezevic ist freier Fotograf in München. Mit Unterstützung von Sven Christ (Foodstyling) und Barbara Emmel (Props) ist es ihm gelungen, die Campinggerichte im besten Licht zu präsentieren.

BILDNACHWEIS

Silvio Knezevic: S. 06–59 und Stepfotos auf den Klappen
Auen60 Photography: S. 01, 05 und Stilleben auf den Klappen
Kathrin Koschitzki: Cover
Anna Hammer: S. 04 Autorenfoto

QUALITÄTS GARANTIE

LIEBE LESERINNEN UND LESER,

wir wollen Ihnen mit diesem Buch Informationen und Anregungen geben, um Ihnen das Leben zu erleichtern oder Sie zu inspirieren, Neues auszuprobieren. Wir achten bei der Erstellung unserer Bücher auf Aktualität und stellen höchste Ansprüche an Inhalt und Gestaltung. Alle Anleitungen und Rezepte werden von unseren Autoren, jeweils Experten auf ihren Gebieten, gewissenhaft erstellt und von unseren Redakteuren/innen mit größter Sorgfalt ausgewählt und geprüft.

Haben wir Ihre Erwartungen erfüllt? Sind Sie mit diesem Buch und seinen Inhalten zufrieden? Wir freuen uns auf Ihre Rückmeldung. Und wir freuen uns, wenn Sie diesen Titel weiterempfehlen, in Ihrem Freundeskreis oder bei Ihrem online-Kauf.

Sollten wir Ihre Erwartungen so gar nicht erfüllt haben, tauschen wir Ihnen Ihr Buch jederzeit gegen ein gleichwertiges zum gleichen oder ähnlichen Thema um.

KONTAKT ZUM LESERSERVICE

GRÄFE UND UNZER VERLAG
Grillparzerstraße 12
81675 München
www.gu.de

APPETIT AUF MEHR?

ISBN 978-3-8338-7071-2

ISBN 978-3-8338-7294-5

ISBN 978-3-8338-7581-6

ISBN 978-3-8338-1863-9

ISBN 978-3-8338-7553-3

ISBN 978-3-8338-7338-6

Alle hier vorgestellten Bücher sind auch als eBook erhältlich.

G|U

Mehr von GU auf **www.gu.de** und **facebook.com/gu.verlag**

DIE »GU KOCHEN PLUS«-APP

1 APP HERUNTERLADEN

Laden Sie die kostenlose »GU Kochen Plus«-App im Apple App Store oder im Google Play Store auf Ihr Smartphone. Starten Sie die App und wählen Sie Ihren Küchenratgeber aus.

2 REZEPTBILD SCANNEN

Scannen Sie das gewünschte Rezeptbild mit der Kamera Ihres Smartphones. Klicken Sie im Display die Funktion Ihrer Wahl.

3 FUNKTIONEN NUTZEN

Sammeln Sie Ihre Lieblingsrezepte. Speichern und verschicken Sie Ihre Einkaufslisten. Oder nutzen Sie den praktischen Supermarkt-Finder und den Rezept-Planer.